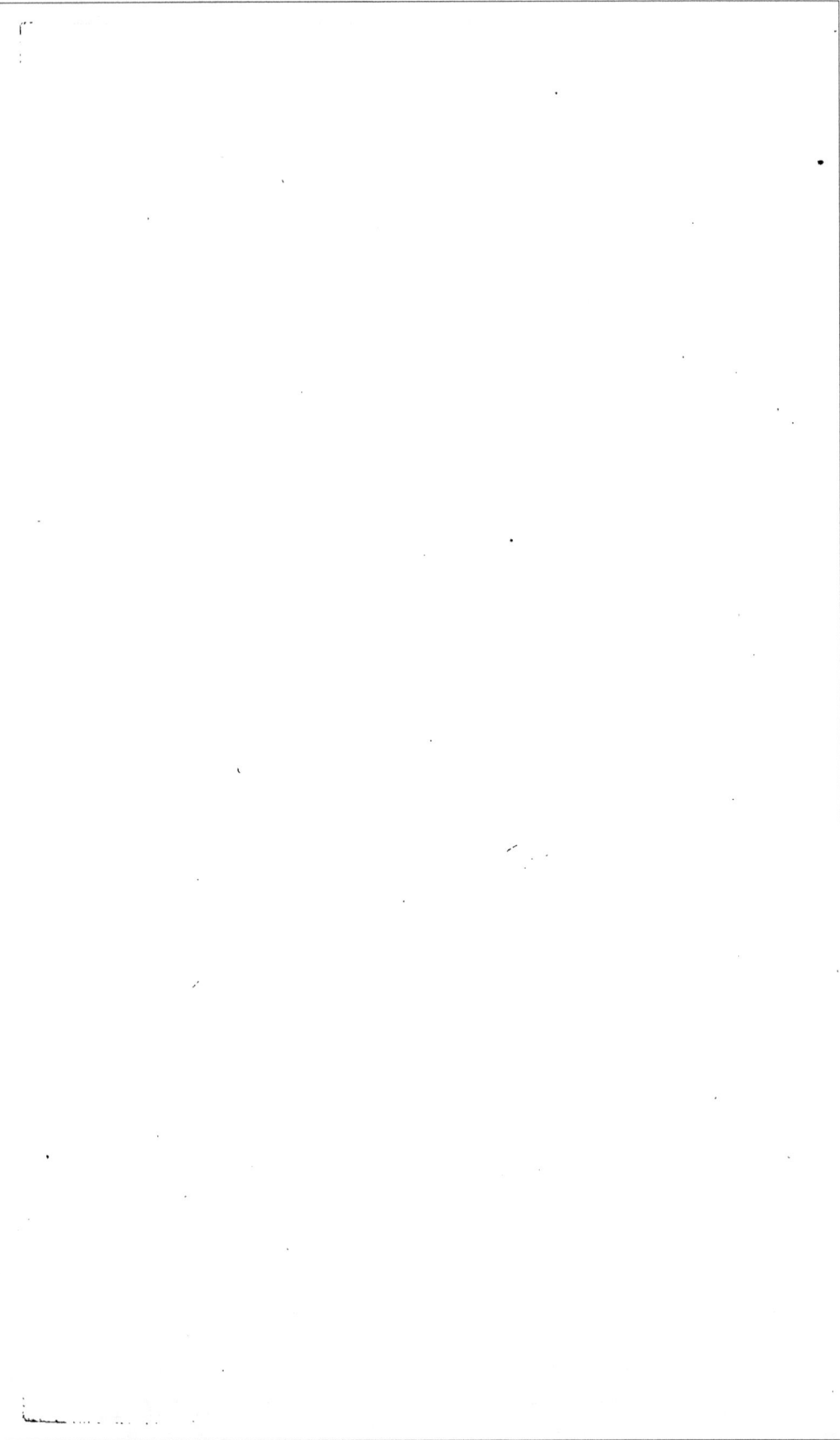

NOTICE NÉCROLOGIQUE

DU

MARQUIS DU PLANTY

VICE-PRÉSIDENT DE LA SOCIÉTÉ LIBRE D'INSTRUCTION
ET D'ÉDUCATION POPULAIRES

MEMBRE DU CONSEIL SUPÉRIEUR DE LA SOCIÉTÉ
D'ENCOURAGEMENT AU BIEN

> La vie des hommes qui se sont illustrés par
> leur abnégation, leurs vertus et leur dévoue-
> ment à l'humanité, doit être donnée en exemple
> au peuple, et quand bien même leur notice
> biographique et l'exposé de leurs bonnes ac-
> tions ne serviraient que comme antidote aux
> mauvais écrits et aux mauvais exemples, le
> travail que nous offrons au public serait suffi-
> samment justifié.
>
> NAVARRON.

PARIS

IMPRIMERIE DUVAL, 26, RUE D'ARCET

1877

NOTICE NÉCROLOGIQUE

DU

MARQUIS DU PLANTY

VICE-PRÉSIDENT DE LA SOCIÉTÉ LIBRE D'INSTRUCTION
ET D'ÉDUCATION POPULAIRES

MEMBRE DU CONSEIL SUPÉRIEUR DE LA SOCIÉTÉ
D'ENCOURAGEMENT AU BIEN

> La vie des hommes qui se sont illustrés par
> leur abnégation, leurs vertus et leur dévoue-
> ment à l'humanité, doit être donnée en exemple
> au peuple, et quand bien même leur notice
> biographique et l'exposé de leurs bonnes ac-
> tions ne serviraient que comme antidote aux
> mauvais écrits et aux mauvais exemples, le
> travail que nous offrons au public serait suffi-
> samment justifié.
>
> NAVARRON.

PARIS

IMPRIMERIE DUVAL, 26, RUE D'ARCET

—

1877

MARQUIS DU PLANTY

NÉ LE 3 AOUT 1808

MORT A PARIS LE 5 AOUT 1876

SOCIÉTÉ LIBRE D'INSTRUCTION ET D'ÉDUCATION

POPULAIRES

ASSEMBLÉE GÉNÉRALE DU 9 JANVIER 1877

MESDAMES, MESSIEURS,

Je viens, au nom de la Société d'Instruction et d'Éducation populaires, vous entretenir d'un grand cœur qui portait vaillamment un grand nom ; et sentant combien je suis au-dessous du sujet que j'ai à traiter, je réclame toute votre indulgence.....

Nous avons la douleur d'inscrire au nécrologe des hommes illustres de nos Annales, un de nos vice-présidents, le marquis du Planty (Louis-Joseph de Godart), né à Londres, le 3 août 1808, de parents français.

D'origine anglaise, c'était le véritable gentleman, avec un cœur français rempli des plus grands sentiments.

C'est à nous, qui avons eu l'honneur de vivre avec lui et qui avons pu apprécier ses nobles qualités, qu'il appartient de rendre un solennel hommage à sa mémoire.

Docteur en médecine et en chirurgie, depuis plus de quarante ans, il visitait gratuitement les malheureux et leur prodiguait ses soins les plus tendres et les plus assidus.

Le docteur du Planty aimait l'humanité avec passion, et bien qu'il ait été dangereusement blessé des suites d'une piqûre anatomique qu'il s'était faite en opérant un indigent, il n'hésita pas à se dévouer, en soignant les malades atteints du choléra, en 1849; services publics et dévoués qui lui valurent la croix de la Légion d'honneur.

Il fut maire, pendant quinze années, de la commune de Saint-Ouen, où il laissa des souvenirs impérissables de sa magistrature.

Il fut élu conseiller général du département de la Loire-Inférieure, en 1865, et, là encore, il laissa les traces bienfaisantes de son passage.

Il était membre du conseil supérieur de la Société nationale d'Encouragement au Bien et de plusieurs Sociétés savantes et humanitaires, vice-président de la Société des Sauveteurs de la Seine, président de la Société des arts et sciences industrielles, président des Jurys aux grandes Expositions internationales, etc., etc.

Il est décédé à Paris, le 5 août 1876, à la suite d'un érysipèle de la face qu'il avait gagné en soignant, à l'hôpital Beaujon, un malheureux atteint de cette redoutable maladie épidémique.

Si la mort d'un homme vertueux est un malheur pour l'humanité, pleurons! Mais, puisqu'il est une vie au delà du trépas, consolons-nous et rendons grâces au Tout-Puissant en songeant à la mémoire de notre cher défunt, qui, suivant l'expression reproduite, il y a quelques jours, à son intention dans un article de la *Gazette de Venise,* et écrit dans la langue du Dante, où l'on disait : Il a quitté la terre (*Per volare al cielo*) pour s'envoler dans le ciel.....

Partout où il y avait du bien à faire, une idée nouvelle à encourager, des faibles à défendre, on rencontrait le marquis du Planty.

Partout il donna des preuves de sa haute intelligence, de son excellent cœur, de l'aménité de son caractère et de son urbanité dans les excellents rapports qu'on avait avec lui.

Le docteur du Planty est mort d'une maladie épidémique, mort de la mort du brave, sur ce glorieux champ de bataille du médecin, le chevet du malade!....

Sa vie d'abnégation et de dévouement à l'humanité ne s'est pas démentie d'un seul instant.

C'est en portant secours aux malheureux, disait–il, qu'on trouve allégement à ses souffrances !

La vie, chemin de la mort, a si peu de durée que l'homme, s'il était sage, n'emploierait les quelques années de sa courte existence qu'à faire le bien et à se préparer ainsi à bien mourir !....

Il était de ceux qui pensent que le triomphe des idées est lent, mais qu'il est assuré, parce que ce qui est rationnel et vrai n'a besoin, pour se produire et pour se faire adopter, que de se faire connaître.

La vérité se prouve par la vérité !....

La vie humaine est une expiation ou une épreuve, et la mort.... le terme du supplice ou la fin de l'expérience.

Aussi, devons-nous nous joindre à la famille éplorée de l'homme illustre qui a sacrifié sa propre existence au bien de son prochain, et qui a vécu plus par le cœur et par l'esprit que par le corps, c'est pourquoi nous devons espérer pour son âme en la Miséricorde divine !....

NAVARRON,

Vice-Président de la Société libre d'Instruction et d'Education populaires, membre du Conseil supérieur de la Société nationale d'Encouragement au bien.

16

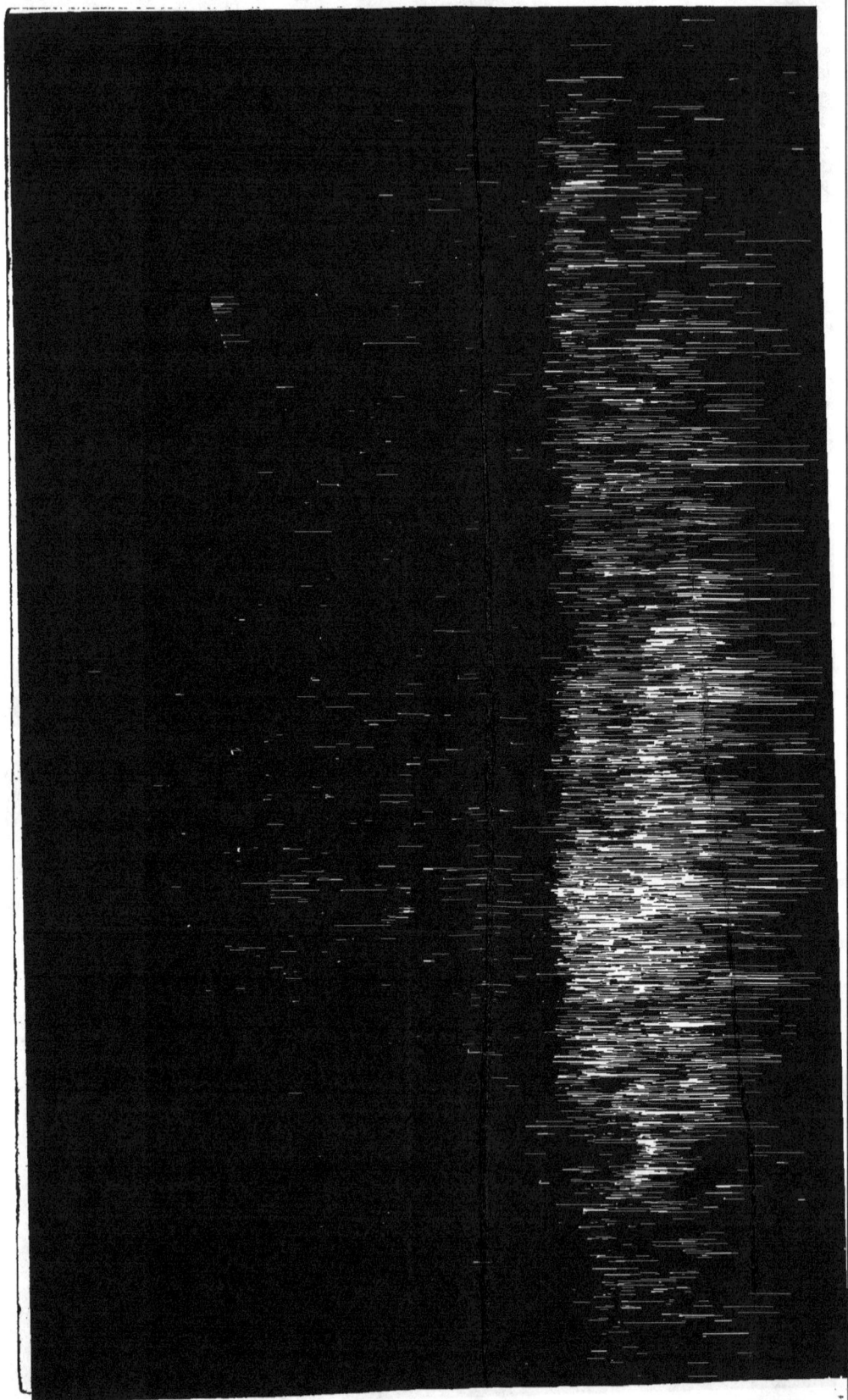